Miguel de Cervantes

La Española Inglesa

862.3

This book is due for return on or before the last date shown below.

Entre los despojos que los ingleses llevaron de la ciudad de Cádiz, Clotaldo, un caballero inglés capitán de una escuadra de navíos, llevó a Londres a una niña de edad de siete años, poco más o menos, y esto contra la voluntad y sabiduría del conde de Leste, que con gran diligencia hizo buscar a la niña para volvérsela a sus padres, que ante él se quejaron de la falta de su hija, pidiéndole que pues se contentaba con las haciendas, y dejaba libres a las personas, no fuesen ellos tan desdichados; que ya que quedaban pobres, no quedasen sin su hija, que era la lumbre de sus ojos y la más hermosa criatura que había en toda la ciudad. Mandó el conde echar bando por toda su armada que so pena de la vida, devolviese la niña cualquiera que la tuviese, mas ningunas penas ni temores fueron bastantes a que Clotaldo le obedeciese, que la tenía escondida en su nave, aficionado, aunque christianamente, a la incomparable hermosura de Isabel, que así se llamaba la niña. Finalmente, sus padres se quedaron sin ella, tristes y desconsolados, y Clotaldo, alegre sobre modo, llegó a Londres y entregó por riquísimo despojo a su mujer a la hermosa niña.

Quiso la buena suerte que todos los de la casa de Clotaldo eran cathólicos secretos, aunque en lo público mostraban seguir la opinión de su reina. Tenía Clotaldo un hijo llamado Ricaredo, de edad de doce años, enseñado de sus padres a amar y temer a Dios, y a estar muy entero en las verdades de la fe cathólica. Catalina, la mujer de Clotaldo, noble christiana, y prudente señora, tomó tanto amor a Isabel, que como si fuera su hija la criaba, regalaba, e industriaba. Y la niña era de tan buen natural, que con facilidad aprendía todo cuanto le enseñaban.

Con el tiempo, y con los regalos, fue olvidando los que sus padres verdaderos le habían hecho; pero no tanto que dejase de acordarse y suspirar por ellos muchas veces; y aunque iba aprendiendo la lengua inglesa, no perdía la española, porque Clotaldo tenía cuidado de traerle a casa secretamente españoles que hablasen con ella. Desta manera, sin olvidar la suya, como está dicho, hablaba la lengua inglesa como si hubiera nacido en Londres. Después de haberle enseñado todas las cosas de labor, que puede y debe saber una doncella bien nacida, la enseñaron a leer y escribir, más que medianamente. Pero en lo que tuvo extremo fue en tañer todos los instrumentos que a una mujer son lícitos; y esto con toda perfección de música, acompañándola con una voz que le dio el cielo, tan extremada que encantaba cuando cantaba.

Todas estas gracias, adqueridas y puestas sobre la natural suya, poco a poco fueron encendiendo el pecho de Ricaredo, a quien ella, como a hijo de su señor, quería y servía; al principio le salteó amor con un modo de agradarse y complacerse de ver la sin igual belleza de Isabel, y de considerar sus infinitas virtudes y gracias, amándola como si fuera su hermana, sin que sus deseos saliesen de los términos honrados y virtuosos. Pero como fue creciendo Isabel, que ya cuando Ricaredo ardía tenía doce años, aquella benevolencia primera, y aquella complacencia y agrado de mirarla, se volvió en ardentísimos deseos de gozarla y de poseerla; no porque aspirase a esto por otros medios que por los de ser su esposo. Pues de la incomparable honestidad de Isabela, (que así la llamaban ellos) no se podía esperar otra cosa, ni aun él quisiera esperarla, aunque pudiera, porque la noble condición suya y la estimación en que a Isabela tenía, no consentían que ningún mal pensamiento echase raíces en su alma. Mil veces determinó manifestar su voluntad a sus padres, y otras tantas no aprobó su determinación, porque él sabía que le tenían dedicado para ser esposo de una muy rica y principal doncella escocesa, asimismo secreta christiana como ellos; y estaba claro, según él decía, que no habían de querer dar a una esclava (si este nombre se podía dar a

Isabela) lo que ya tenían concertado de dar a una señora; y así perplejo y pensativo, sin saber qué camino tomar para venir al fin de su buen deseo, pasaba una vida tal que le puso a punto de perderla. Pero pareciéndole ser gran cobardía dejarse morir, sin intentar algún género de remedio a su dolencia, se animó y esforzó a declarar su intento a Isabela.

Andaban todos los de casa tristes y alborotados por la enfermedad de Ricaredo, que de todos era querido, y de sus padres con el extremo posible; así por no tener otro como porque lo merecía su mucha virtud, y su gran valor, y entendimiento. No le acertaban los médicos la enfermedad, ni él osaba, ni quería, descubrírsela. En fin, puesto en romper por las dificultades que él se imaginaba, un día que entró Isabela a servirle, viéndola sola, con desmayada voz y lengua turbada, le dijo:

–Hermosa Isabela, tu valor, tu mucha virtud y grande hermosura me tienen como me ves, si no quieres que deje la vida en manos de las mayores penas que pueden imaginarse, responda el tuyo a mi buen deseo, que no es otro que el de recebirte por mi esposa a hurto de mis padres, de los cuales temo que por no conocer lo que yo conozco que mereces, me han de negar el bien que tanto me importa. Si me das la palabra de ser mía, yo te la doy desde luego, como verdadero y cathólico christiano, de ser tuyo. Que, puesto que no llegue a gozarte, como no llegaré, hasta que con bendición de la Iglesia y de mis padres sea, aquel imaginar que con seguridad eres mía será bastante a darme salud, y a mantenerme alegre y contento hasta que llegue el felice punto que deseo.

En tanto que esto dijo Ricaredo, estuvo escuchándole Isabela [con] los ojos bajos, mostrando en aquel punto que su honestidad se igualaba a su hermosura, y a su mucha discreción su recato. Y así, viendo que Ricaredo callaba, honesta, hermosa y discreta, le respondió desta suerte:

–Después que quiso el rigor o la clemencia del cielo (que no sé a cuál destos extremos lo atribuya) quitarme a mis padres, señor Ricaredo, y darme a los vuestros, agradecida a las infinitas mercedes que me han hecho, determiné que jamás mi voluntad saliese de la suya; y así, sin ella, tendría no por buena, sino por mala, fortuna la inestimable merced que queréis hacerme. Si con su sabiduría fuere yo tan venturosa que os merezca, desde aquí os ofrezco la voluntad que ellos me dieren, y en tanto que esto se dilatare, o no fuere, entretengan vuestros deseos [el] saber que los míos serán eternos y limpios, en desearos el bien que el cielo puede daros.

Aquí puso silencio Isabela a sus honestas y discretas razones, y allí comenzó la salud de Ricaredo, y comenzaron a revivir las esperanzas de sus padres, que en su enfermedad muertas estaban. Despidiéronse los dos cortésmente; él con lágrimas en los ojos, ella con admiración en el alma de ver tan rendida a su amor la de Ricaredo. El cual, levantado del lecho, al parecer de sus padres por milagro, no quiso tenerles más tiempo ocultos sus pensamientos. Y así, un día se los manifestó a su madre, diciéndole en el fin de su plática, que fue larga, que si no le casaban con Isabela que el negársela y darle la muerte era todo una misma cosa.

Con tales razones, con tales encarecimientos subió al cielo las virtudes de Isabela, Ricaredo, que le pareció a su madre que Isabela era la engañada en llevar a su hijo por esposo. Dio buenas esperanzas a su hijo de disponer a su padre a que con gusto viniese en lo que ya ella también venía. Y así fue, que diciendo a su marido las mismas razones que a ella había dicho su hijo, con facilidad le movió a querer lo que tanto su hijo deseaba, fabricando excusas que impidiesen el casamiento que casi tenía concertado con la doncella de Escocia.

A esta razón tenía Isabela catorce y Ricaredo veinte años; y en esta tan verde y tan florida edad, su mucha discreción y conocida prudencia los hacía ancianos. Cuatro días faltaban, para llegarse aquel en el cual sus padres de Ricaredo querían que su hijo inclinase el cuello al yugo santo del matrimonio, teniéndose por prudentes y dichosísimos de haber escogido a su prisionera por su hija, teniendo en más la dote de sus virtudes que la mucha riqueza que con la escocesa se les ofrecía. Las galas estaban ya a punto, los parientes y los amigos convidados, y no faltaba otra cosa sino hacer a la reina sabidora de aquel concierto, porque sin su voluntad y consentimiento entre los de ilustre sangre no se efe[c]túa casamiento alguno, pero no dudaron de la licencia; y así, se detuvieron en pedirla. Digo pues, que estando todo en este estado, cuando faltaban los cuatro días hasta el de la boda, una tarde turbó su regocijo un ministro de la reina que dio un recaudo a Clotaldo que su majestad mandaba que otro día por la mañana llevasen a su presencia a su prisionera, la española de Cádiz. Respondióle Clotaldo, que de muy buena gana haría lo que su majestad le mandaba. Fuese el ministro, y dejó llenos los pechos de todos de turbación, de sobresalto y miedo.

–¡Ay –decía la señora Catalina–, si sabe la reina que yo he criado a esta niña a la católica, y de aquí viene a inferir que todos los desta casa somos christianos! pues si la reina le pregunta, qué es lo que ha aprendido en ocho años que ha[ce] que es prisionera, ¿qué ha de responder la cuitada que no nos condene, por más discreción que tenga?

Oyendo lo cual Isabela, le dijo:

–No le dé pena alguna, señora mía, ese temor, que yo confío en el cielo que me ha de dar palabras en aquel instante, por su divina misericordia, que no sólo no os condenen, sino que redunden en provecho vuestro.

Temblaba Ricaredo, casi como adivino de algún mal suceso. Clotaldo buscaba modos que pudiesen dar ánimo a su mucho temor y no los hallaba, sino en la mucha confianza que en Dios tenía, y en la prudencia de Isabela, a quien encomendó mucho, que por todas las vías que pudiese, excusase de condenallos por cathólicos, que puesto que estaban promptos con el espíritu a recebir martirio, toda vía la carne enferma rehusaba su amarga carrera. Una y muchas veces le aseguró Isabela estuviesen seguros que por su causa no sucedería lo que temían y sospechaban porque, aunque ella entonces no sabía lo que había de responder a las preguntas que en tal caso le hiciesen, tenía tan viva y cierta esperanza que había de responder de modo que, como otra vez había dicho, sus respuestas les sirviesen de abono.

Discurrieron aquella noche en muchas cosas, especialmente en que si la reina supiera que eran cathólicos, no les enviara recaudo tan manso, por donde se podía inferir que sólo querría ver a Isabela, cuya sin igual hermosura y habilidades habría llegado a sus oídos, como a todos los de la ciudad. Pero ya en no habérsela presentado se hallaban culpados; de la cual culpa hallaron sería bien disculparse, con decir que desde el punto que entró en su poder, la escogieron y señalaron para esposa de su hijo Ricaredo. Pero también en esto se culpaban por haber hecho el casamiento sin licencia de la reina, aunque esta culpa no les pareció digna de gran castigo. Con esto, se consolaron, y acordaron que Isabela no fuese vestida humildemente como prisionera, sino como esposa, pues ya lo era de tan principal esposo como su hijo.

Resueltos en esto, otro día vistieron a Isabela a la española, con una saya entera de raso verde acuchillada y forrada en rica tela de oro, tomadas las cuchilladas con unas eses de perlas, y toda ella bordada de riquísimas perlas; collar y cintura de diamantes, y con abanico, a modo de las señoras damas españolas. Sus mismos cabellos, que eran muchos, rubios y largos, entretejidos y sembrados de diamantes y perlas, le servían de tocado. Con este adorno riquísimo, y con su gallarda disposición y milagrosa belleza, se mostró aquel día a Londres sobre una hermosa carroza, llevando colgados de su vista las almas y los ojos de cuantos la miraban. Iban con ella Clotaldo y su mujer, y Ricaredo, en la carroza, y a caballo muchos ilustres parientes suyos. Toda esta honra quiso hacer Clotaldo a su prisionera, por obligar a la reina la tratase como a esposa de su hijo.

Llegados pues a palacio, y a una gran sala donde la reina estaba, entró por ella Isabela, dando de sí la más hermosa muestra que pudo caber en una imaginación. Era la sala grande y espaciosa, y a dos pasos se quedó el acompañamiento y se adelantó Isabela; y como quedó sola, pareció lo mismo que parece la estrella, o exalación, que por la región del fuego en serena y sosegada noche, suele moverse, o bien ansí como rayo del sol, que al salir del día, por entre dos montañas se descubre. Todo esto pareció, y aun cometa, que pronosticó el incendio de más de un alma de los que allí estaban, a quien amor abrasó con los rayos de los hermosos soles de Isabela. La cual llena de humildad y cortesía, se fue a poner de hinojos ante la reina y, en lengua inglesa, le dijo:

–Dé, vuestra majestad, las manos a esta su sierva, que desde hoy más se tendrá por señora, pues ha sido tan venturosa que ha llegado a ver la grandeza vuestra.

Estúvola la reina mirando por un buen espacio sin hablarle palabra, pareciéndole, como después dijo a su camarera, que tenía delante un cielo estrellado, cuyas estrellas eran las muchas perlas y diamantes que Isabela traía; su bello rostro y sus ojos el sol y la luna, y toda ella una nueva maravilla de hermosura. Las damas que estaban con la reina, quisieran hacerse todas ojos, porque no les quedase cosa por mirar en Isabela. Cuál acababa la viveza de sus ojos, cuál la color del rostro, cuál la gallardía del cuerpo, y cuál la dulzura de la habla. Y tal hubo, que de pura envidia, dijo:

–Buena es la española, pero no me contenta el traje.

Después que pasó algún tanto la suspensión de la reina, haciendo levantar a Isabela le dijo:

–Habladme en español, doncella, que yo le entiendo bien, y gustaré dello. –Y volviéndose a Clotaldo dijo–: Clotaldo, agravio me habéis hecho en tenerme este tesoro tantos años ha[ce] encubierto, mas él es tal que os haya movido a codicia. Obligado estáis a restituírmele, porque de derecho es mío.

–Señora –respondió Clotaldo–, mucha verdad es lo que v. majestad dice; confieso mi culpa, si lo es haber guardado este tesoro a que estuviese en la perfección que convenía, para [a]parecer ante los ojos de V. M., y aora que lo está, pensaba traerle mejorado, pidiendo licencia a V. M. para que Isabela fuese esposa de mi hijo Ricaredo, y daros, alta majestad, en los dos todo cuanto puedo daros.

—Hasta el nombre me contenta —respondió la reina—; no le faltaba más, sino llamarse Isabela la española, para que no me quedase nada de perfección que desear en ella. Pero advertid, Clotaldo, que sé que sin mi licencia la teníades prometida a vuestro hijo.

—Así es verdad, señora —respondió Clotaldo—, pero fue en confianza, que los muchos y relevados servicios, que yo y mis pasados tenemos hechos a esta corona, alcanzarían de V. M. otras mercedes más dificultosas que las desta licencia, cuanto más, que aún no está desposado mi hijo.

—Ni lo estará —dijo la reina— con Isabela, hasta que por sí mismo lo merezca. Quiero decir, que no quiero que para esto le aprovechen vuestros servicios, ni [los] de sus pasados, él por sí mismo se ha de disponer a servirme y a merecer por sí esta prenda, que ya la estimo como si fuese mi hija.

Apenas oyó esta última palabra Isabela, cuando se volvió a hincar de rodillas ante la reina, diciéndole en lengua castellana:

—Las desgracias que tales descuentos traen, serenísima señora, antes se han de tener por dichas que por desventuras. Ya V. M. me ha dado nombre de hija; sobre tal prenda ¿qué males podré temer, o qué bienes no podré esperar?

Con tanta gracia y donaire decía cuanto decía Isabela, que la reina se le aficionó en extremo, y mandó que se quedase en su servicio. Y se la entregó a una gran señora, su camarera mayor, para que la enseñase el modo de vivir suyo. Ricaredo, que se vio quitar la vida, en quitarle a Isabela, estuvo a pique de perder el juicio; y así, temblando y con sobresalto, se fue a poner de rodillas ante la reina, a quien dijo:

—Para servir yo a v. majestad no es menester incitarme con otros premios que con aquellos que mis padres y mis pasados han alcanzado por haber servido a sus reyes. Pero, pues v. majestad gusta que yo la sirva con nuevos deseos y pretensiones, querría saber en qué modo y en qué ejercicio podré mostrar que cumplo con la obligación en que v. majestad me pone.

—Dos navíos —respondió la reina— están para partirse en corso, de los cuales he hecho general al barón de Lansac. Del uno dellos os hago a vos capitán, porque la sangre de do[nde] venís me asegura que ha de suplir la falta de vuestros años. Y advertid a la merced que os hago, pues os doy ocasión en ella a que correspondiendo a quien sois, sirviendo a vuestra reina, mostréis el valor de vuestro ingenio y de vuestra persona, y alcancéis el mejor premio que a mi parecer vos mismo podéis acertar a desearos. Yo misma os seré guarda de Isabela, aunque ella da muestras que su honestidad será su más verdadera guarda. ¡Id con Dios! que, pues vais enamorado, como imagino, grandes cosas me prometo de vuestras hazañas. Felice fuera el rey batallador que tuviera en su ejército diez mil soldados amantes que esperaran que el premio de sus vi[c]torias había de ser gozar de sus amadas. Levantaos, Ricaredo, y mirad si tenéis o queréis decir algo a Isabela, porque mañana ha de ser vuestra partida.

Besó las manos a la reina, estimando en mucho la merced que le hacía, y luego se fue a hincar de rodillas ante Isabela, y queriéndola hablar, no pudo porque se le puso un nudo en la garganta que le ató la lengua y las lágrimas acudieron a los ojos, y él acudió a disimularlas lo más que le fue posible; pero con todo esto, no se pudieron encubrir a los ojos de la reina, pues dijo:

—No os afrentéis, Ricaredo, de llorar, ni os tengáis en menos por haber dado en este trance tan tiernas muestras de vuestro corazón, que una cosa es pelear con los enemigos y otra despedirse de quien bien se quiere. Abrazad, Isabela, a Ricaredo y dadle vuestra bendición, que bien lo merece su sentimiento.

Isabela, que estaba suspensa y atónita de ver la humildad y dolor de Ricaredo, que como a su esposo le amaba, no entendió lo que la reina le mandaba, antes comenzó a derramar lágrimas, tan sin pensar lo que hacía, y tan sesga y tan sin movimiento alguno que no parecía, sino que lloraba una estatua de alabastro. Estos afectos de los dos amantes, tan tiernos y tan enamorados, hicieron verter lágrimas a muchos de los circunstantes, y sin hablar más palabra Ricaredo, y sin le haber hablado alguna a Isabela, haciendo Clotaldo, y los que con él venían, reverencia a la reina, se salieron de la sala llenos de compasión, de despecho, y de lágrimas.

Quedó Isabela como huérfana que acaba de enterrar sus padres y con temor que la nueva señora quisiese que mudase de costumbres en que la primera la había criado. En fin, se quedó, y de allí a dos días Ricaredo se hizo a la vela, combatido, entre otros muchos, de dos pensamientos que le tenían fuera de sí. Era el uno considerar que le convenía hacer hazañas que le hiciesen merecedor de Isabela, y el otro que no podía hacer ninguna si había de responder a su cathólico intento que le impedía no desenvainar la espada contra cathólicos; y si no la desembainaba había de ser notado de christiano, o de cobarde, y todo esto redundaba en perjuicio de su vida y en obstáculo de su pretensión. Pero, en fin determinó posponer al gusto de enamorado el que tenía de ser cathólico, y en su corazón pedía al cielo le deparase ocasiones donde, con ser valiente, cumpliese con ser christiano, dejando a su reina satisfecha, y a Isabela merecida.

Seis días navegaron los dos navíos con próspero viento, siguiendo la derrota de las islas Terceras, paraje donde nunca faltan o naves portuguesas de las Indias Orientales o algunas derrotadas de las Occidentales. Y al cabo de los seis días, les dio de costado un recísimo viento, que en el mar Océano tiene otro nombre que en el Mediterráneo donde se llama "Mediodía". El cual viento fue tan durable y tan recio que, sin dejarles tomar las islas, les fue forzoso correr a España; y junto a su costa, a la boca del estrecho de Gibraltar, descubrieron tres navíos: uno poderoso y grande y los dos pequeños. Arribó la nave de Ricaredo a su capitán para saber de su general si quería embestir a los tres navíos que se descubrían. Y antes que a ella llegase, vio poner sobre la gavia mayor un estandarte negro. Y llegándose más cerca, oyó que tocaban en la nave clarines y trompetas roncas, señales claras o que el general era muerto o alguna otra principal persona de la nave.

Con este sobresalto llegaron a poderse hablar, que no lo habían hecho después que salieron del puerto. Dieron voces de la nave capitana, diciendo que el capitán Ricaredo pasase a ella porque el general la noche antes había muerto de una apoplejía. Todos se entristecieron sino fue Ricaredo, que le alegró; no por el daño de su general, sino por ver que quedaba él libre para mandar en los dos navíos, que así fue la orden de la reina, que faltando el general, lo fuese Ricaredo. El cual con presteza se pasó a la capitana, donde halló que unos lloraban por el general muerto y otros se alegraban con el vivo. Finalmente, los unos y los otros le dieron luego la obediencia, y le aclamaron por su general con breves ceremonias; no dando lugar a otra cosa dos de los tres navíos que habían descubierto. Los cuales, desviándose del grande, a las dos naves se venían.

Luego conocieron ser galeras, y turquescas, por las medias lunas que en las banderas traían, de que recibió gran gusto Ricaredo, pareciéndole que aquella presa, si el cielo se la concediese, sería de consideración, sin haber ofendido a ningún cathólico. Las dos galeras turquescas llegaron a reconocer los navíos ingleses, los cuales no traían insignias de Inglaterra, sino de España, por desmentir a quien llegase a reconocellos, y no los tuviese por navíos de co[r]sarios. Creyeron los turcos ser naves derrotadas de las Indias, y que con facilidad las rendirían. Fuéronse entrando poco a poco, y de industria los dejó llegar Ricaredo, hasta tenerlos a gusto de su artillería, la cual mandó disparar a tan buen tiempo que con cinco balas dio en la mitad de una de las galeras con tanta furia que la abrió por medio toda. Dio luego a la banda y comenzó a irse a pique, sin poderse remediar. La otra galera, viendo tan mal suceso, con mucha priesa le dio cabo y le llevó a poner debajo del costado del gran navío. Pero Ricaredo, que tenía los suyos prestos y ligeros, y que salían y entraban como si tuvieran remos, mandando cargar de nuevo toda la artillería, los fue siguiendo hasta la nave, lloviendo sobre ellos infinidad de balas.

Los de la galera abierta, así como llegaron a la nave, la desampararon, y con priesa y celeridad procuraban acogerse a la nave. Lo cual visto por Ricaredo, y que la galera sana se ocupaba con la rendida, cargó sobre ella con sus dos navíos, y sin dejarla rodear, ni valerse de los remos, la puso en estrecho; que los turcos se aprovecharon ansimismo del refugio de acogerse a la nave, no para defenderse en ella, sino para escapar las vidas por entonces.

Los christianos, de quien venían armadas las galeras, arrancando las branzas y rompiendo las cadenas, mezclados con los turcos, también se acogieron a la nave. Y como iban subiendo por su costado, con la arcabucería de los navíos, los iban tirando como a blanco; a los turcos no más, que a los christianos mandó Ricaredo que nadie los tirase. Desta manera casi todos los más turcos fueron muertos, y los que en la nave entraron por los christianos que con ellos se mezclaron, aprovechándose de sus mismas armas, fueron hechos pedazos; que la fuerza de los valientes, cuando caen, se pasa a la flaqueza de los que se levantan. Y así, con el calor que les daba a los christianos pensó que los navíos ingleses eran españoles, hicieron por su libertad maravillas.

Finalmente, habiendo muerto casi todos los turcos, algunos españoles se pusieron a borde del navío, y a grandes voces llamaron a los que pensaban ser españoles [que] entrasen a gozar el premio del vencimiento. Preguntóles Ricaredo en español que qué navío era aquél. Respondiéronle que era una nave que venía de la India de Portugal, cargada de especería, y con tantas perlas y diamantes que valía más de un millón de oro, y que con tormenta había arribado a aquella parte, toda destruida y sin artillería por haberla echado a la mar; la gente enferma y casi muerta de sed y de hambre; y que aquellas dos galeras, que eran del co[r]sario Arnautemamí, el día antes la habían rendido, sin haberse puesto en defensa. Y que, a lo que habían oído decir, por no poder pasar tanta riqueza a sus dos bajeles, le llevaban a jorro para meterla en el río de Larache, que estaba allí cerca. Ricaredo les respondió que si ellos pensaban que aquellos dos navíos eran españoles, se engañaban; que no eran sino de la señora reina de Inglaterra, cuya nueva dio que pensar y que temer a los que la oyeron, pensando, como era razón que pensasen, que de un lazo habían caído en otro. Pero Ricaredo les dijo que no temiesen algún daño, y que estuviesen ciertos de su libertad con tal que no se pusiesen en defensa.

—Ni es posible ponernos en ella —respondieron—, porque, como se ha dicho, este navío no tiene artillería, ni nosotros armas; así que, nos es forzoso acudir a la gentileza, y liberalidad de vuestro general. Pues será justo que quien nos ha librado del insufrible cautiverio de los turcos, lleve adelante tan gran merced y beneficio, pues le podrá hacer famoso en todas las partes, que serán infinitas, donde llegare la nueva desta memorable vi[c]toria y de su liberalidad, más de nosotros esperada que temida.

No le precieron mal a Ricaredo las razones del español. Y llamando a consejo [a] los de su navío, les preguntó cómo haría para enviar [a] todos los christianos a España sin ponerse a peligro de algún siniestro suceso, si el ser tantos les daba ánimo para levantarse. Pareceres hubo que los hiciese pasar uno a uno a su navío, y así como fuesen entrando, debajo de cubierta, matarle; y desta manera, matarlos a todos y llevar la gran nave a Londres sin temor ni cuidado alguno.

A eso respondió Ricaredo:

—Pues que Dios nos ha hecho tan gran merced, en darnos tanta riqueza, no quiero corresponderle con ánimo cruel y desagradecido, ni es bien que lo que puedo remediar con la industria, lo remedie con la espada. Y así, soy de parecer que ningún christiano cathólico muera; no porque los quiero bien, sino porque me quiero a mí muy bien, y querría que esta hazaña de hoy, ni a mí, ni a vosotros, que en ella me habéis sido compañeros, nos diese mezclado con el nombre de valientes, el renombre de crueles; porque nunca dijo bien la crueldad con la valentía. Lo que se ha de hacer es que toda la artillería de un navío destos se ha de pasar a la gran nave portuguesa, sin dejar en el navío otras armas, ni otra cosa más del bastimento; y no [a]lejando la nave de nuestra gente la llevaremos a Inglaterra, y los españoles se irán a España.

Nadie osó contradecir lo que Ricaredo había propuesto; y algunos le tuvieron por valiente y magnánimo, y de buen entendimiento; otros le juzgaron en sus corazones por más cathólico que debía.

Resuelto, pues, en esto, Ricaredo pasó con cincuenta arcabuceros a la nave portuguesa, todos [en] alerta, y con las cuerdas encendidas. Halló en la nave casi tre[s]cientas personas de las que habían escapado de las galeras. Pidió luego el registro de la nave, y respondióle aquel mismo que desde el borde le habló la vez primera que el registro le había tomado el co[r]sario de los bajeles, que con ellos se había ahogado.

Al instante, puso el torno en orden y, acostando su segundo bajel a la gran nave, con maravillosa presteza y con fuerza de fortísimos cab[r]estrantes, pasaron la artillería del pequeño bajel a la mayor nave. Luego, haciendo una breve plática a los christianos, les mandó pasar al bajel desembarazado, donde hallaron bastimento en abundancia, para más de un mes y para más gente. Y así, como se iban embarcando, dio a cada uno cuatro escudos de oro españoles que hizo traer de su navío, para remediar en parte su necesidad cuando llegasen a tierra, que estaba tan cerca que las altas montañas de Abila y Calpe desde allí se parecían.

Todos le dieron infinitas gracias, por la merced que les hacía. Y el último que se iba a embarcar, fue aquel que por los demás había hablado, el cual le dijo:

–Por más ventura tuviera, valeroso caballero, que me llevaras contigo a Inglaterra, que no me enviaras a España; porque aunque es mi patria, y no habrá sino seis días que della partí, no he de hallar en ella otra cosa que no sea de ocasiones de tristezas y soledades mías. Sabrás, señor, que en la pérdida de Cádiz, que sucedió habrá quince años, perdí una hija que los ingleses debieron de llevar a Inglaterra, y con ella perdí el descanso de mi vejez y la luz de mis ojos; que después que no la vieron nunca han visto cosa que de su gusto sea. El grave descontento en que me dejó su pérdida, y la de la hacienda, que también me faltó, me pusieron de manera que ni más quise, ni más pude, ejercitar la mercancía, cuyo trato me había puesto en opinión de ser el más rico mercader de toda la ciudad. Y así era la verdad, pues fuera del crédito que pasaba de muchos centenares de millares de escudos, valía mi hacienda, dentro de las puertas de mi casa más de cincuenta mil ducados, todo lo perdí, y no hubiera perdido nada como no hubiera perdido a mi hija. Tras esta general desgracia, y tan particular mía, acudió la necesidad a fatigarme, hasta tanto que no pudiéndola resistir, mi mujer y yo, que es aquella triste que allí está sentada, determinamos irnos a las Indias, común refugio de los pobres generosos. Y habiéndonos embarcado en un navío de aviso seis días ha[ce], a la salida de Cádiz, dieron con el navío estos dos bajeles de co[r]sarios y nos cautivaron; donde se renovó nuestra desgracia y se confirmó nuestra desventura; y fuera mayor, si los co[r]sarios no hubieran tomado aquella nave portuguesa que los entretuvo, hasta haber sucedido lo que él había visto.

Preguntóle Ricaredo, cómo se llamaba su hija. Respondióle, que Isabel. Con esto, acabó de confirmarse Ricaredo en lo que ya había sospechado, que era que el que se lo contaba era el padre de su querida Isabela. Y sin darle algunas nuevas della, le dijo que de muy buena gana llevaría a él y a su mujer a Londres, donde podría ser [que] hallasen nuevas de la que deseaban.

Hízolos pasar luego a su capitana; poniendo marineros y guardas bastantes en la nao portuguesa. Aquella noche alzaron velas y se dieron priesa a apartarse de las costas de España porque el navío de los cautivos libres... entre los cuales también iban hasta veinte turcos, a quien también Ricaredo dio libertad, por mostrar que más por su buena condición y generoso ánimo se mostraba liberal que por forzarle amor que a los cathólicos tuviese. Rogó a los españoles que en la primera ocasión que se ofreciese diesen entera libertad a los turcos, que ansimismo se le mostraron agradecidos.

El viento, que daba señales de ser próspero y largo, comenzó a calmar un tanto, cuya calma levantó gran tormenta de temor en los ingleses que culpaban a Ricaredo y a su liberalidad, diciéndole que los libres podían dar aviso en España de aquel suceso; y que si a caso había galeones de armada en el puerto, podían salir en su busca y ponerlos en aprieto, y en término de perderse. Bien conocía Ricaredo que tenían razón; pero venciéndolos a todos con buenas razones, los sosegó. Pero más los quietó el viento, que volvió a refrescar de modo que, dándole todas las velas, sin tener necesidad de amainallas, ni aun de templallas, dentro de nueve días se hallaron a la vista de Londres, y cuando en él, vi[c]toriosos volvieron, habría treinta [días] que dél faltaban.

No quiso Ricaredo entrar en el puerto con muestras de alegría, por la muerte de su general; y así, mezcló las señales alegres con las triste; unas veces sonaban clarines regocijados, otras trompetas roncas; unas tocaban los atambores alegres y sobresaltadas armas, a quien con señas tristes y lamentables respondían los pífaros; de una gavia colgaba, puesta al revés, una bandera de medias lunas sembrada, en otra se veía un luengo estandarte de tafetán negro, cuyas puntas besaban el agua. Finalmente, con estos tan contrarios extremos, entró en el río de Londres con su navío, porque la nave no tuvo fondo en él que la sufriese; y así, se quedó en la mar a lo largo.

Estas tan contrarias muestras y señales tenían suspenso el infinito pueblo que desde la ribera les miraba. Bien conocieron por algunas insignias que aquel navío menor era la capitana del barón de Lansac, mas no podían alcanzar, cómo el otro navío se hubiese cambiado con aquella poderosa nave que en la mar se quedaba. Pero sacólos desta duda [el] haber saltado en el esquife, armado de todas armas, ricas y resplandecientes, el valeroso Ricaredo, que, a pie, sin esperar otro acompañamiento que aquel de un innumerable vulgo que le seguía, se fue a palacio; donde ya la reina, puesta a unos corredores, estaba esperando le trujesen la nueva de los navíos, estaba con la reina con las otras damas Isabela, vestida a la inglesa, y parecía también como a la castellana. Antes que Ricaredo llegase, llegó otro que dio las nuevas a la reina, de cómo Ricaredo venía. Alborozóse Isabela, oyendo el nombre de Ricaredo, y en aquel instante temió y esperó malos y buenos sucesos de su venida.

Era Ricaredo alto de cuerpo, gentilhombre y bien proporcionado. Y, como venía armado de peto, espaldar, gola y brazaletes, y escarcelas, con unas armas milanesas de once vistas, grabadas y doradas, parecía en extremo bien a cuantos le miraban. No le cubría la cabeza morrión alguno, sino un sombrero de gran falda de color leonado con mucha diversidad de plumas terciadas a la valona, la espada ancha, los tiros ricos, las calzas a la esguízara. Con este adorno, y con el paso brioso que llevaba, algunos hubo que le compararon a Marte, dios de las batallas; y otros, llevados de la hermosura de su rostro, dicen que le compararon a Venus, que para hacer alguna burla a Marte, de aquel modo se había disfrazado. En fin, él llegó ante la reina; puesto de rodillas, le dijo:

—Alta majestad, en fuerza de vuestra ventura, y en consecución de mi deseo, después de haber muerto de una apoplejía el general de Lansac, quedando yo en su lugar, merced a la liberalidad vuestra, me deparó la suerte dos galeras turquescas que llevaban remolcando aquella gran nave que allí se parece. Acometíla; pelearon vuestros soldados, como siempre; echáronse a fondo los bajeles de los co[r]sarios. En el uno de los nuestros, en vuestro real nombre di libertad a los christianos que del poder de los turcos escaparon. Sólo truje conmigo a un hombre y a una mujer españoles, que por su gusto quisieron venir a ver la grandeza vuestra. Aquella nave es de las que vienen de la India de Portugal. La cual por tormenta vino a dar en poder de los turcos, que con poco trabajo, o por mejor decir, sin ninguno la rindieron y, según dijeron algunos portugueses de los que en ella venían, pasa de un millón de oro el valor de la especería y otras mercancías de perlas y diamantes que en ella vienen. A ninguna cosa se ha tocado, ni los turcos habían llegado a ella, porque todo lo dedicó el cielo, y yo lo mandé guardar, para vuestra majestad, que con una joya sola que se me dé, quedaré en deuda de otras diez naves; la cual joya ya vuestra majestad me la tiene prometida, que es a mi buena Isabela. Con ella quedaré rico y premiado, no sólo deste servicio, cual él sea, que a vuestra majestad he hecho, sino de otros muchos que pienso hacer por pagar alguna parte del todo, casi infinito, que en esta joya vuestra majestad me ofrece.

–Levantaos, Ricaredo –respondió la reina–, y creedme, que si por precio os hubiera de dar a Isabela, según yo la estimo, no la pudiérades pagar ni con lo que trae esa nave, ni con lo que quede en las Indias. Dóyosla, porque os la prometí, y porque ella es digna de vos, y vos lo sois della. Vuestro valor sólo la merece. Si vos habéis guardado las joyas de la nave para mí, yo os he guardado la joya vuestra para vos; y aunque os parezca que no hago mucho en volveros lo que es vuestro, yo sé que os hago mucha merced en ello, que las prendas que se compran a deseos y tienen su estimación en el alma del comprador, aquello valen; que vale una alma, que no hay precio en la tierra con que aprecialla. Isabela es vuestra. Veisla allí. Cuando quisiéredes, podéis tomar su entera posesión, y creo será con su gusto, porque es discreta y sabrá ponderar la amistad que le hacéis, que no la quiero llamar meced, sino amistad, porque me quiero alzar con el nombre de que yo sola puedo hacerle mercedes. Idos a descansar y venidme a ver mañana, que quiero más particularmente oír vuestras hazañas. Y traedme esos dos que decís, que de su voluntad han querido venir a verme, que se lo quiero agradecer.

Besóle las manos Ricaredo por las muchas mercedes que le hacía. Entróse la reina en una sala, y las damas rodearon a Ricaredo; y una dellas, que había tomado grande amistad con Isabela, llamada la señora Tansi, tenida por la más discreta, desenvuelta y graciosa de todas, dijo a Ricaredo:

–¡Qué es esto! señor Ricaredo ¿qué armas son éstas? ¿pensábades por ventura que veníades a pelear con vuestros enemigos? Pues en verdad que aquí todas somos vuestras amigas, si no es la señora Isabela que, como española, está obligada a no teneros buena voluntad.

–Acuérdese ella, señora Tansi, de tenerme alguna, que como yo esté en su memoria –ijo Ricaredo–, yo sé que la voluntad será buena, pues no puede caber en su mucho valor y entendimiento, y rara hermosura, la fealdad de ser desagradecida.

A lo cual respondió Isabela:

–Señor Ricaredo, pues he de ser vuestra, a vos está tomar de mí toda la satisfa[c]ción que quisiéredes para recompensaros de las alabanzas que me habéis dado y de las mercedes que pensáis hacerme.

Estas y otras honestas razones pasó Ricaredo con Isabela y con las damas, entre las cuales había una doncella de pequeña edad, la cual no hizo sino mirar a Ricaredo mientras allí estuvo. Alzábale las escarcelas por ver qué traía debajo dellas; tentábale la espada; y con simplicidad de niña, quería que las armas le sirviesen de espejo, llegándose a mirar de muy cerca en ellas; y cuando se hubo ido, volviéndose a las damas, dijo:

–A[h]ora, señoras, yo imagino que debe de ser cosa hermosísima la guerra, pues aun entre mujeres parecen bien los hombres armados.

–Y ¡cómo si parece! –respondió la señora Tansi. Si no, mirad a Ricaredo, que no parece sino que el sol se ha bajado a la tierra. ¿Y en aquel hábito va caminando por la calle?

Rieron todas del dicho de la doncella y de la disparatada semejanza de Tansi. Y no faltaron murmuradores, que tuvieron por impertinencia el haber venido armado

Ricaredo a palacio; puesto que halló disculpa en otros, que dijeron que, como soldado, lo pudo hacer, para mostrar su gallarda bizarría. Fue Ricaredo de sus padres, amigos, parientes y conocidas con muestras de entrañable amor recebido. Aquella noche se hicieron generales alegrías en Londres por su buen suceso.

Ya los padres de Isabela estaban en casa de Clotaldo, a quien Ricaredo había dicho quién eran; pero que no les diesen nueva ninguna de Isabela hasta que él mismo se la diese. Este aviso tuvo la señora Catalina, su madre, y todos los criados y criadas de su casa. Aquella misma noche, con muchos bajeles, lanchas y barcos, y con no menos ojos que lo miraban, se comenzó a descargar la gran nave; que en ocho días no acabó de dar la mucha pimienta y otras riquísimas mercaderías que en su vientre encerradas tenía.

El día que siguió a esta noche, fue Ricaredo a palacio, llevando consigo al padre y madre de Isabela, vestidos de nuevo a la inglesa, diciéndoles que la reina quería verlos. Llegaron todos donde la reina estaba en medio de sus damas, esperando a Ricaredo, a quien quiso lisonjear y favorecer, con tener junto a sí a Isabela, vestida con aquel mismo vestido que llevó la vez primera, mostrándose no menos hermosa a[h]ora que entonces. Los padres de Isabela quedaron admirados y suspensos, de ver tanta grandeza y bizarría junta. Pusieron los ojos en Isabela y no la conocieron, aunque el corazón, presagio del bien que tan cerca tenían, les comenzó a saltar en el pecho, no con sobresalto que les entristeciese, sino con un no sé qué de gusto, que ellos no acertaban a entendelle. No consintió la reina, que Ricaredo estuviese de rodillas ante ella; antes le hizo levantar y sentar en una silla rasa, que para sólo esto allí puesta tenían, inusitada merced para la altiva condición de la reina. Y alguno dijo a otro:

–Ricaredo no se sienta hoy sobre la silla que le han dado, sino sobre la pimienta que él trujo.

Otro acudió, y dijo:

–A[h]ora se verifica lo que comúnmente se dice, que dádivas quebrantan peñas. Pues las que ha traído Ricaredo han ablandado el duro corazón de nuestra reina.

Otro acudió, y dijo:

–A[h]ora que está tan bien ensillado, más de dos se atreverán a correrle.

En efe[c]to, de aquella nueva honra que la reina hizo a Ricaredo, tomó ocasión la envidia para nacer en muchos pechos de aquellos que mirándole estaban. Porque no hay merced que el príncipe haga a su privado, que no sea una lanza que atraviesa el corazón del envidioso. Quiso la reina saber de Ricaredo menudamente, cómo había pasado la batalla con los bajeles de los co[r]sarios; él la contó de nuevo, atribuyendo la vi[c]toria a Dios, y a los brazos valerosos de sus soldados, encareciéndolos a todos juntos y particularizando algunos hechos de algunos que más que los otros se habían señalado, con que obligó a la reina a hacer a todos merced, y en particular a los particulares; y cuando llegó a decir la libertad que en nombre de su majestad, había dado a los turcos y christianos, dijo:

–Aquella mujer y aquel hombre que allí están –señalando a los padres de Isabela– son los que dije ayer a V.M.; que con deseo de ver vuestra grandeza, encarecidamente me pidieran los trujese conmigo; ellos son de Cádiz y, de lo que ellos me han contado, y de lo que en ellos he visto y notado, sé que son gente principal y de valor.

Mandóles la reina que se llegasen cerca. Alzó los ojos Isabela a mirar los que decían ser españoles, y más de Cádiz, con deseo de saber si por ventura conocían a sus padres. Ansí como Isabela alzó los ojos, los puso en ella su madre, y detuvo el paso para mirarla más atentamente, y en la memoria de Isabela se comenzaron a despertar unas confusas noticias que le querían dar a entender que en otro tiempo ella había visto [a] aquella mujer que delante tenía. Su padre estaba en la misma confusión, sin osar determinarse a dar crédito a la verdad que sus ojos le mostraban. Ricaredo estaba atentísimo a ver los afectos, y los movimientos que hacían las tres dudosas y perplejas almas, que tan confusas estaban entre el sí y el no de conocerse. Conoció la reina la suspensión de entrambos, y aun el desasosiego de Isabela, porque la vio trasudar y levantar las manos muchas veces a componerse el cabello. En esto, deseaba Isabela que hablase la que pensaba ser su madre, quizá los oídos la sacarían de la duda en que sus ojos la habían puesto. La reina dijo a Isabela que en lengua española dijese a aquella mujer y a aquel hombre [que] le dijesen qué causa les había movido a no querer gozar de la libertad que Ricaredo les había dado, siendo la libertad la cosa más amada, no sólo de la gente de razón, más aún de los animales que carecen della.

Todo esto preguntó Isabela a su madre. La cual, sin responderle palabra, desatentadamente y medio tropezando, se llegó a Isabela, y sin mirar a respecto, temores, ni miramientos cortesanos, alzó la mano a la oreja derecha de Isabela, y descubrió un lunar negro que allí tenía, la cual señal acabó de certificar su sospecha. Y viendo claramente ser Isabela su hija, abrazándose con ella, dio una gran voz, diciendo:

–¡Oh hija de mi corazón! ¡Oh prenda cara del alma mía! –Y sin poder pasar adelante se cayó desmayada en los brazos de Isabela.

Su padre, no menos tierno que prudente, dio muestras de su sentimiento no con otras palabras que con derramar lágrimas que sesgamente su venerable rostro y barbas le bañaron. Juntó Isabela su rostro con el de su madre, y volviendo los ojos a su padre, de tal manera le miró que le dio a entender el gusto y el descontento que de verlos allí su alma tenía. La reina admirada de tal suceso, dijo a Ricaredo:

–Yo pienso, Ricaredo, que en vuestra discreción se han ordenado estas vistas y no se os diga que han sido acertadas, pues sabemos que así suele matar una súbita alegría, como mata una tristeza.

Y diciendo esto se volvió a Isabela y la apartó de su madre, la cual, habiéndole echado agua en el rostro volvió en sí, y estando un poco más en su acuerdo, puesto de rodillas delante de la reina, le dijo:

–Perdone, vuestra majestad, mi atrevimiento, que no es mucho perder los sentidos con la alegría del hallazgo desta amada prenda.

Respondióle la reina que tenía razón, sirviéndole de inté[r]prete, para que lo entendiese, Isabela. La cual, de la manera que se ha contado, conoció a sus padres y sus padres a ella, a los cuales mandó la reina quedar en palacio para que de espacio pudiesen ver y hablar a su hija y regocijarse con ella. De lo cual Ricaredo se holgó mucho, y de nuevo pidió a la reina le cumpliese la palabra que le había dado, de dársela, si es que a caso la merecía; y de no merecerla, le suplicaba desde luego le mandase ocupar en cosas que le hiciesen digno de alcanzar lo que deseaba.

Bien entendió la reina que estaba Ricaredo satisfecho de sí mismo, y de su mucho valor, que no había necesidad de nuevas pruebas para calificarle; y así, le dijo que de allí a cuatro días le entregaría a Isabela, haciendo a los dos la honra que a ella fuese posible.

Con esto se despidió Ricaredo, contentísimo con la esperanza propincua que llevaba de tener en su poder a Isabela sin sobresalto de perderla, que es el último deseo de los amantes. Corrió el tiempo, y no con la ligereza que él quisiera; que los que viven con esperanzas de promesas venideras, siempre imaginan que no vuela el tiempo sino que anda sobre los pies de la pereza misma. Pero en fin llegó el día, no donde pensó Ricaredo poner fin a sus deseos, sino de hallar en Isabela gracias nuevas que le moviesen a quererla más, si más pudiese.

Mas en aquel breve tiempo, donde él pensaba que la nave de su buena fortuna corría con próspero viento hacia el deseado puerto, la contraria suerte levantó en su mar tal tormenta, que mil veces temió anegarle. Es, pues, el caso que la camarera mayor de la reina, a cuyo cargo estaba Isabela, tenía un hijo de edad de veinte y dos años llamado el conde Arnesto. Hacíanle la grandeza de su estado, la alteza de su sangre, el mucho favor que su madre con la reina tenía... Hacíanle, digo, estas cosas más de lo justo arrogante, altivo y confiado.

Este Arnesto, pues, se enamoró de Isabela tan encendidamente que en la luz de los ojos de Isabela tenía abrasada el alma. Y aunque en el tiempo que Ricaredo había estado aunsente con algunas señales le había descubierto su deseo, nunca de Isabela fue admitido. Y puesto que la repugnancia y los desdenes en los principios de los amores suelen hacer desistir de la empresa a los enamorados, en Arnesto obraron lo contrario los muchos y conocidos desdendes que le dio Isabela, porque con su celo ardía, y con su honestidad se abrasaba. Y como vio que Ricaredo, según el parecer de la reina, tenía merecida a Isabela y que en tan poco tiempo se la había de entregar por mujer, quiso desesperarse; pero antes que llegase a tan infame y tan cobarde remedio, habló a su madre, diciéndole [que] pidiese a la reina le diese a Isabela por esposa; donde no, que pensase que la muerte estaba llamando a las puertas de su vida. Quedó la camarera admirada de las razones de su hijo, y como conocía la aspereza de su arrojada condición, y la tenacidad con que se le pegaban los deseos en el alma, temió que sus amores habían de parar en algún infelice suceso. Con todo eso, como madre, a quien es natural desear y procurar el bien de sus hijos, prometió al suyo de hablar a la reina, no con esperanza de alcanzar della el imposible de romper su palabra, sino por no dejar de intentar, como en salir desasuciada, los últimos remedios.

Y estando aquella mañana Isabela vestida, por orden de la reina, tan ricamente que no se atreve la pluma a contarlo, y habiéndole echado la misma reina al cuello una sarta de perlas de las mejores que traía la nave, que las apreciaron en veinte mil ducados, y puéstole un anillo de un diamante que se apreció en seis mil escudos, y estando alborozadas las damas, por la fiesta que esperaban del cercano desposorio, entró la camarera mayor a la reina y de rodillas le suplicó [que] suspendiese el desposorio de Isabela por otros dos días, que con esta merced sola que su majestad le hiciese, se tendría por satisfecha y pagada de todas las mercedes, que por sus servicios merecía y esperaba.

Quiso saber la reina primero, por qué le pedía con tanto ahínco aquella suspensión que tan derechamente iba contra la palabra que tenía dada a Ricaredo. Pero no se la quiso dar la camarera, hasta que le hubo otorgado, que haría lo que le pedía. Tanto deseo tenía la reina de saber la causa de aquella demanda, y así, después que la camarera alcanzó lo que por entonces deseaba, contó a la reina los amores de su hijo y cómo temía que si no le daban por mujer a Isabela, o se había de desesperar, o hacer algún hecho escandaloso. Y que si había pedido aquellos dos días, era por dar lugar a [que] su majestad pensase qué medio sería a propósito, y conveniente, para dar a su hijo remedio.

La reina respondió que si su real palabra no estuviera de por medio, que ella hallara salida a tan cerrado laberinto, pero que no la quebrantaría, ni defraudaría las esperanzas de Ricaredo por todo el interés del mundo. Esta respuesta dio la camarera a su hijo, el cual, sin detenerse un punto, ardiendo en amor y en celos, se armó de todas armas y, sobre un fuerte y hermoso caballo, se presentó ante la casa de Clotaldo, y a grandes voces pidió que se asomase Ricaredo a la ventana. El cual a aquella sazón estaba vestido de galas de desposado y a punto para ir a palacio con el acompañamiento que tal acto requería; mas habiendo oído las voces y siéndole dicho, quien las daba y del modo que venía, con algún sobresalto, se asomó a una ventana. Y como le vio Arnesto, dijo:

—Ricaredo, estáme atento a lo que decirte quiero. La reina, mi señora, te mandó fueses a servirla y a hacer hazañas, que te hiciesen merecedor de la sin par Isabela. Tu fuiste y volviste, cargadas las naves de oro, con el cual piensas haber comprado y merecido a Isabela; y aunque la reina, mi señora, te la ha prometido, ha sido creyendo que no hay ninguno en su corte, que mejor que tú la sirva, ni quien con mejor título merezca a Isabela; y en esto bien podrá ser, se haya engañado. Y así, llegándome a esta opinión, que yo tengo por verdad averiguada, digo que ni tú has hecho cosas tales que te hagan merecer a Isabela, ni ninguna podrás hacer que a tanto bien te levanten, y en razón de que no la mereces, si quisieres contradecirme, te desafío a todo trance de muerte.

Calló el conde, y desta manera le respondió Ricaredo:

—En ninguna manera me toca salir a vuestro desafío, señor conde, porque yo confieso no sólo que no merezco a Isabela, sino que no la merece ninguno de los que hoy viven en el mundo; así que confesando yo lo que vos decís, otra vez digo, que no me toca vuestro desafío. Pero yo le acepto por el atrevimiento que habéis tenido en desafiarme.

Con esto se quitó de la ventana y pidió apriesa sus armas. Alborotáronse sus parientes y todos aquellos que para ir a palacio habían venido a acompañarle. De la mucha gente que había visto al conde Arnesto armado, y le había oído las voces del desafío, no faltó quien lo fue a contar a la reina; la cual mandó al capitán de su guarda, que fuese a prender al conde. El capitán se dio tanta priesa, que llegó a tiempo que ya Ricaredo salía de su casa, armado con las armas con que se había desembarcado, puesto sobre un hermoso caballo. Cuando el conde vio al capitán, luego imaginó a lo que venía, y determinó de no dejar prenderse, y alzando la voz contra Ricaredo, dijo:

—Ya ves, Ricaredo, el impedimento que nos viene. Si tuvieres gana de castigarme, tú me buscarás; y por la que yo tengo de castigarte, también te buscaré. Y pues dos que se buscan fácilmente se hallan, dejemos para entonces la ejecución de nuestros deseos.

—Soy contento –respondió Ricaredo.

En esto llegó el capitán con toda su guarda y dijo al conde que fuese preso en nombre de su majestad. Respondió el conde, que sí daba, pero no para que le llevasen a otra parte, que a la presencia de la reina. Contentóse con esto el capitán, y cogiéndole en medio de la guarda, le llevó a palacio ante la reina, la cual ya de su camarera estaba informada del amor grande que su hijo tenía a Isabela, y con lágrimas había suplicado a la reina perdonase al conde, que como mozo y enamorado, a mayores yerros estaba sujeto. Llegó Arnesto ante la reina; la cual, sin entrar con él en razones, le mandó quitar la espada y [que le] llevasen preso a una torre.

Todas estas cosas atormentaban el corazón de Isabela y de sus padres, que tan presto veían turbado el mar de su sosiego. Aconsejó la camarera a la reina que para sosegar el mal que podía suceder entre su parentela y la de Ricaredo, que se quitase la causa de por medio, que era Isabela, enviándola a España, y así cesarían los efe[c]tos, que debían de temerse. Añadiendo a estas razones, decir que Isabela era cathólica, y tan christiana que ninguna de sus persuasiones, que habían sido muchas, la habían podido torcer en nada de su cathólico intento. A lo cual respondió la reina, que por eso la estimaba en más, pues tan bien sabía guardar la ley que sus padres la habían enseñado. Y que en lo de enviarla a España no tratase, porque su hermosa presencia y sus muchas gracias y virtudes le daban mucho gusto, y que, sin duda, si no aquel día, otro, se la había de dar por esposa a Ricaredo, como se lo tenía prometido.

Con esta resolución de la reina, quedó la camarera tan desconsolada, que no le replicó palabra. Y, pareciéndole lo que ya le había parecido, que si no era quitando a Isabela de por medio, no había de haber medio alguno que la rigurosa condición de su hijo ablandase, ni redujese a tener paz con Ricaredo, determinó de hacer una de las mayores crueldades que pudo caber jamás en pensamiento de mujer principal, y tanto como ella lo era. Y fue su determinación matar con tósigo a Isabela; y, como por la mayor parte sea la condición de las mujeres ser prestas y determinadas, aquella misma tarde atosigó a Isabela en una conserva que le dio, forzándola que la tomase por ser buena contra las ansias de corazón que sentía. Poco espacio pasó después de haberla tomado, cuando a Isabela se le comenzó a hinchar la lengua y la garganta, y a ponérsele denegridos los labios y a enronquecérsele la voz, turbársele los ojos y apretársele el pecho; todas conocidas señales de haberle dado veneno.

Acudieron las damas a la reina, contándole lo que pasaba y certificándole que la camarera había hecho aquel mal recaudo. No fue menester mucho, para que la reina lo creyese; y así, fue a ver a Isabela que ya casi estaba expirando. Mandó llamar la reina con priesa a sus médicos, y en tanto que tardaban, la hizo dar cantidad de polvos de unicornio, con otros muchos antídotos, que los grandes príncipes suelen tener prevenidos para semejantes necesidades. Vinieron los médicos, y esforzaron los remedios, y pidieron a la reina [que] hiciese decir a la camarera qué género de veneno le había dado, porque no se dudaba que otra persona alguna si no ella la hubiese avenenado. Ella lo descubrió, y con esta noticia los médicos aplicaron tantos remedios, y tan eficaces, que con ellos, y con el ayuda de Dios, quedó Isabela con vida o alomenos con esperanza de tenerla.

Mandó la reina prender a su camarera y encerrarla en un aposento estrecho de palacio, con intención de castigarla, como su delito merecía. Puesto que ella se disculpaba, diciendo que en matar a Isabela hacía sacrificio al cielo, quitando de la tierra a una cathólica y, con ella, la ocasión de las pendencias de su hijo.

Estas tristes nuevas, oídas de Ricaredo, le pusieron en términos de perder el juicio, tales eran las cosas que hacía y las lastimeras razones con que se quejaba. Finalmente, Isabela no perdió la vida; que el quedar con ella, la naturaleza lo comutó en dejarla sin cejas, pestañas y sin cabello, el rostro hinchado, la tez perdida, los cueros levantados, y los ojos lagrimosos. Finalmente, quedó tan fea que como hasta allí había parecido un milagro de hermosura, entonces parecía un monstruo de fealdad. Por mayor desgracia tenían los que la conocían, haber quedado de aquella manera que si la hubiera muerto el veneno. Con todo esto Ricaredo se la pidió a la reina, y le suplicó [que] se la dejase llevar a su casa, porque el amor que la tenía pasaba del cuerpo al alma; y que si Isabela había perdido su belleza, no podía haber perdido sus infinitas virtudes.

–Así es –dijo la reina–, lleváosla, Ricaredo, y haced cuenta que lleváis una riquísima joya encerrada en una caja de madera tosca. Dios sabe si quisiera dárosla como me la entregastes, pero pues no es posible, perdonadme; quizá el castigo que diere a la cometedora de tal delito, satisfará en algo el deseo de la venganza.

Muchas cosas dijo Ricaredo a la reina, disculpando a la camarera, y suplicándola [que] la perdonase; pues las disculpas que daba eran bastantes para perdonar mayores insultos. Finalmente, le entregaron a Isabela y a sus padres, y Ricaredo los llevó a su casa, digo a la de sus padres. A las ricas perlas y al diamante, añadió otras joyas la reina, y otros vestidos, tales, que descubrieron el mucho amor que a Isabela tenía; la cual duró dos meses en su fealdad, sin dar indicio alguno de poder reducirse a su primera hermosura; pero al cabo de este tiempo comenzó a caérsele el cuero y a descubrírsele su hermosa tez.

En este tiempo los padres de Ricaredo, pareciéndoles no ser posible que Isabela en sí volviese, determinaron enviar por la doncella de Escocia, con quien primero que con Isabela tenían concertado de casar a Ricaredo, y esto sin que él lo supiese, no dudando que la hermosura presente de la nueva esposa hiciese olvidar a su hijo la ya pasada de Isabela, a la cual pensaban enviar a España con sus padres, dándoles tanto haber y riquezas, que recompensasen sus pasadas pérdidas. No pasó mes y medio cuando, sin sabiduría de Ricaredo, la nueva esposa se le entró por las puertas, acompañada como quien ella era, y tan hermosa que después de la Isabela que solía ser, no había otra tan bella en toda Londres.

Sobresaltóse Ricaredo con la improvisa vista de la doncella, y temió que el sobresalto de su venida había de acabar la vida a Isabela. Y así, para templar este temor, se fue al lecho donde Isabela estaba, y hallóla en compañía de sus padres, delante de los cuales dijo:

–Isabela de mi alma, mis padres con el grande amor que me tienen aún no bien enterados del mucho que yo te tengo, han traído a casa una doncella escocesa, con quien ellos tenían concertado de casarme, antes que yo conociese lo que vales; y esto, a lo que creo, con intención que la mucha belleza desta doncella borre de mi alma la tuya que en ella estampada tengo. Yo, Isabela, desde el punto que te quise, fue con otro amor de aquel que tiene su fin y paradero en el cumplimiento del sensual apetito; que puesto que tu corporal hermosura me cautivó los sentido; tus infinitas virtudes me aprisionaron el alma de manera que si hermosa te quise, fea te adoro. Y para confirmar esta verdad, dame esa mano. —Y dándole ella la derecha y asiéndola él con la suya, prosiguió diciendo–: Por la fe cathólica que mis christianos padres me enseñaron, la cual si no está en la entereza que se requiere, por aquella [fe] juro que guarda el pontífice romano, que es la que yo en mi corazón confieso, creo y tengo, y por el verdadero Dios que nos está oyendo, te prometo ¡oh Isabela mitad de mi alma! de ser tu esposo, y lo soy desde luego si tú quieres levantarme a la alteza de ser tuyo.

Quedó suspensa Isabela con las razones de Ricaredo, y sus padres atónitos y pasmados. Ella no supo qué decir, ni hacer otra cosa que besar muchas veces la mano de Ricaredo, y decirle, con voz mezclada con lágrimas, que ella le aceptaba por suyo y se entregaba por su esclava. Besóla Ricaredo en el rostro feo, no habiendo tenido jamás atrevimiento de llegarse a él, cuando hermoso. Los padres de Isabela sole[m]nizaron con tiernas y muchas lágrimas las fiestas del desposorio. Ricaredo les dijo que él dilataría el casamiento de la escocesa, que ya estaba en casa, del modo que después verían; y cuando su padre los quisiese enviar a España a todos tres, no lo rehusasen, sino que se fuesen y le aguardasen en Cádiz, o en Sevilla, dos años, dentro de los cuales les daba su palabra de ser con ellos si el cielo tanto tiempo le concedía de vida. Y que si deste término pasase, tuviese por cosa certísima que algún grande impedimento, o la muerte, que era lo más cierto, se había opuesto a su camino. Isabela le respondió que no solos dos años le aguardaría, sino todos aquellos de su vida hasta estar enterada que él no la tenía; porque en el punto que esto supiese, sería el mismo de su muerte.

Con estas tiernas palabras se renovaron las lágrimas en todos, y Ricaredo salió a decir a sus padres como en ninguna manera se casaría, ni daría la mano a su esposa la escocesa, sin haber primero ido a Roma a asegurar su conciencia. Tales razones supo decir a ellos, y a los parientes que habían venido con Clisterna, que así se llamaba la escocesa, que como todos eran cathólicos fácilmente las creyeron. Y Clisterna se contentó de quedar en casa de su suegro hasta que Ricaredo volviese; el cual pidió de término un año.

Esto ansí puesto y concertado, Clotaldo dijo a Ricaredo como determinaba enviar a España a Isabela y a sus padres, si la reina le daba licencia; quizá los aires de la patria apresurarían y facilitarían la salud que ya comenzaba a tener. Ricaredo, por no dar indicio de sus designios, respondió tibiamente a su padre que hiciese lo que mejor le pareciese. Sólo le suplicó que no quitase a Isabela ninguna cosa de las riquezas que la reina le había dado. Prometióselo Clotaldo, y aquel mismo día fue a pedir licencia a la reina, así para casar a su hijo con Clisterna, como para enviar a Isabela y a sus padres a España. De todo se contentó la reina, y tuvo por acertada la determinación de Clotaldo. Y aquel mismo día, sin acuerdo de letrados, y sin poner a su camarera en tela de juicio, la condenó en que no sirviese más su oficio, y en diez mil escudos de oro para Isabela; y al conde Arnesto, por el desafío, le desterró por seis años de Inglaterra.

No pasaron cuatro días, cuando ya Arnesto se puso a punto de salir a cumplir su destierro, y los dineros estuvieron juntos. La reina llamó a un mercader rico que habitaba en Londres, y era francés, el cual tenía correspondencia en Francia, Italia y

España. Al cual entregó los diez mil escudos, y le pidió cédulas para que se los entregasen al padre de Isabela en Sevilla, o en otra playa de España. El mercader, descontados sus intereses y ganancias, dijo a la reina que las daría ciertas y seguras para Sevilla sobre otro mercader francés, su correspondiente, en esta forma: que él escribiría a París, para que allí se hiciesen las cédulas, por otro correspondiente suyo, a causa que rezasen las fechas de Francia, y no de Inglaterra, por el contrabando de la comunicación de los dos reinos, y que bastaba llevar una letra de aviso suya sin fecha, con sus contraseñas, para que luego diese el dinero el mercader de Sevilla, que ya estaría avisado del de París.

En resolución, la reina tomó tales seguridades del mercader que no dudó de no ser cierta la partida. Y no contenta con esto, mandó llamar a un patrón de una nave flamenca, que estaba para partirse otro día a Francia, a sólo tomar en algún puerto della testimonio para poder entrar en España, a título de partir de Francia y no de Inglaterra; al cual pidió encarecidamente llevase en su nave a Isabela y a sus padres, y con toda seguridad y buen tratamiento los pusiese en un puerto de España, el primero a do[nde] llegase. El patrón que deseaba contentar a la reina, dijo, que sí haría, y que los pondría en Lisboa, Cádiz o Sevilla. Tomados, pues, los recaudos del mercader, envió la reina a decir a Clotaldo, no quitase a Isabela todo lo que ella le había dado, así de joyas como de vestidos.

Otro día vino Isabela, y sus padres, a despedirse de la reina, que los recibió con mucho amor. Dioles la reina la carta del mercader y otras muchas dádivas, así de dineros como de otras cosas de regalo para el viaje. Con tales razones se lo agradeció Isabela, que de nuevo dejó obligada a la reina para hacerle siempre mercedes. Despidióse de las damas, las cuales, como ya estaba fea, no quisieran que se partiera, viéndose libres de la envidia que a su hermosura tenían, y contentas de gozar de sus gracias y discreciones. Abrazó la reina a los tres, y encomendándolos a la buena ventura y al patrón de la nave, y pidiendo a Isabela la avisase de su buena llegada a España, y siempre de su salud, por la vía del mercader francés, se despidió de Isabela y de sus padres; los cuales, aquella misma tarde, se embarcaron, no sin lágrimas de Clotaldo y de su mujer, y de todos los de su casa, de quien era en todo extremo bien querida. No se halló a esta despedida presente Ricaredo, que por no dar muestras de tiernos sentimientos, aquel día hizo [que] con unos amigos suyos le llevasen a caza.

Los regalos que la señora Catalina dio a Isabela para el viaje fueron muchos; los abrazos infinitos; las lágrimas en abundancia; las encomiendas de que la escribiese, sin número; y los agradecimientos de Isabela y de sus padres correspondieron a todo, de suerte que, aunque llorando, los dejaron satisfechos.

Aquella noche se hizo el bajel a la vela, y habiendo con próspero viento tocado en Francia y tomado en ella los recaudos necesarios, para poder entrar en España, de allí a treinta días entró por la barra de Cádiz, donde se desembarcaron Isabela y sus padres. Y siendo conocidos de todos los de la ciudad, los recibieron con muestras de mucho contento. Recibieron mil parabienes del hallazgo de Isabela y de la libertad que habían alcanzado, ansí de los moros, que los habían cautivado, habiendo sabido todo su suceso de los cautivos a que dio libertad la liberalidad de Ricaredo, como de la que habían alcanzado de los ingleses.

Ya Isabela en este tiempo comenzaba a dar grandes esperanzas de volver a cobrar su primera hermosura. Poco más de un mes estuvieron en Cádiz, restaurando los trabajos de la navegación, y luego se fueron a Sevilla por ver si salía cierta la paga de los diez mil ducados que, librados sobre el mercader francés, traían. Dos días después de llegar a Sevilla le buscaron, y le hallaron; y le dieron la carta del mercader francés de la ciudad de Londres. Él la reconoció, y dijo que hasta que de París le viniesen las letras y carta de aviso no podía dar el dinero; pero que por momentos aguardaba el aviso.

Los padres de Isabela alquilaron una casa principal, frontero de santa Paula, por ocasión que estaba monja en aquel santo monasterio una sobrina suya, única y extremada en la voz. Y así, por tenerla cerca, como por haber dicho Isabela a Ricaredo que, si viniese a buscarla la hallaría en Sevilla, y le diría su casa su prima la monja de santa Paula, y que para conocella no había menester más de preguntar por la monja que tenía la mejor voz en el monasterio, porque estas señas no se le podían olivdar.

Otros cuarenta días tardaron de venir los avisos de París; y a dos [días] que llegaron, el mercader francés entregó los diez mil ducados a Isabela, y ella a sus padres. Y con ellos, y con algunos más que hicieron vendiendo algunas de las muchas joyas de Isabela, volvió su padre a ejercitar su oficio de mercader, no sin admiración de los que sabían sus grandes pérdidas. En fin, en pocos meses fue restaurando su perdido crédito, y la belleza de Isabela volvió a su ser primero, de tal manera, que en hablando de hermosas, todos daban el lauro a la española inglesa, que tanto por este nombre, como por su hermosura, era de toda la ciudad conocida.

Por la orden del mercader francés de Sevilla, escribieron Isabela y sus padres a la reina de Inglaterra su llegada, con los agradecimientos y sumisiones que requerían las muchas mercedes della recebidas. Asimismo, escribieron a Clotaldo y a su señora Catalina, llamándolos Isabela padres, y sus padres señores. De la reina no tuvieron respuesta, pero de Clotaldo y de su mujer sí, donde les daban el parabién de la llegada a salvo, y los avisaban como su hijo Ricaredo, otro día después que ellos se hicieron a la vela, se había partido a Francia, y de allí a otras partes donde le convenía a ir para seguridad de su conciencia, añadiendo a éstas, otras razones y cosas de mucho amor y de muchos ofrecimientos. A la cual carta, respondieron con otra no menos cortés y amorosa que agradecida. Luego imaginó Isabela que el haber dejado Ricaredo a Inglaterra sería para venirla a buscar a España; y alentada con esta esperanza vivía la más contenta del mundo, y procuraba vivir de manera que cuando Ricaredo llegase a Sevilla, antes le diese en los oídos la fama de sus virtudes que el conocimiento de su casa.

Pocas o ninguna vez salía de su casa, si no para el monasterio; no ganaba otros jubileos, que aquellos que en el monasterio se ganaban. Desde su casa, y desde su oratorio, andaba con el pensamiento los viernes de cuaresma la santísima estación de la cruz, y los siete venideros del espíritu santo. Jamás visitó el río, ni pasó a Triana, ni vio el común regocijo en el campo de Tablada y puerta de Jerez el día, se le hace claro, de san Sebastián, celebrado de tanta gente, que apenas se puede reducir a número. Finalmente, no vio regocijo público, ni otra fiesta en Sevilla; todo lo libraba en su recogimiento, y en sus oraciones y buenos deseos, esperando a Ricaredo. Este su gran retraimiento tenía abrasados y encendidos los deseos, no sólo de los pisaverdes del barrio, sino de todos aquellos que una vez la hubiesen visto. De aquí nacieron músicas de noche en su calle, carreras de día; deste no dejar verse, y desearlo muchos, crecieron las alhajas de las terceras que prometieron mostrarse primas y únicas en solicitar a Isabela. Y no faltó quien se quiso aprovechar de lo que llaman hechizos, que no son sino embustes y disparates. Pero a todo esto, estaba Isabela como roca en mitad del mar, que la tocan, pero no la mueven las olas ni los vientos.

Año y medio era ya pasado cuando la esperanza propincua de los dos años por Ricaredo prometidos comenzó, con más ahinco que hasta allí, a fatigar el corazón de Isabela. Y cuando ya le parecía que su esposo llegaba y que le tenía ante los ojos, y le preguntaba qué impedimentos le habían detenido tanto, cuando ya llegaban a sus oídos las disculpas de su esposo, y cuando ya ella le perdonaba y le abrazaba y, como a mitad de su alma le recebía, llegó a sus manos una carta de la señora Catalina, fecha en Londres cincuenta días había. Venía en lengua inglesa, pero leyéndola en español, vio que así decía:

Hija de mi alma, bien conociste a Guillarte, el paje de Ricaredo. Éste se fue con él al viaje, que por otra te avisé, que Ricaredo a Francia, y a otras partes, había hecho el segundo día de tu partida. Pues este mismo Guillarte, a cabo de diez y seis meses que no habíamos sabido de mi hijo, entró ayer por nuestra puerta con nuevas que el conde Arnesto había muerto a traición en Francia a Ricaredo. Considera, hija, cuál quedaríamos su padre y yo, y su esposa, con tales nuevas; tales, digo, que aún no nos dejaron poner en duda nuestra desventura. Lo que Clotaldo y yo te rogamos otra vez, hija de mi alma, es que encomiendes muy de veras a Dios la [alma] de Ricaredo, que bien merece este beneficio el que tanto te quiso, como tú sabes. También pedirás a nuestro Señor nos dé a nosotros paciencia y buena muerte, a quien nosotros también pediremos y suplicaremos te dé a ti, y a tus padres largos años de vida.

Por la letra, y por la firma, no le quedó que dudar a Isabela, para no creer la muerte de su esposo. Conocía muy bien al paje Guillarte y sabía que era verdadero y que de suyo no habría querido, ni tenía para qué fingir aquella muerte, ni menos su madre, la señora Catalina la habría fingido, por no importarle nada enviarle nuevas de tanta tristeza. Finalmente, ningún discurso que hizo, ninguna cosa que imaginó, le pudo quitar del pensamiento no ser verdadera la nueva de su desventura.

Acabada de leer la carta, sin derramar lágrimas, ni dar señales de doloroso sentimiento, con sesgo rostro y, al parecer, con sosegado pecho, se levantó de un estrado donde estaba sentada y se entró en un oratorio; y hincándose de rodillas ante la imagen de un devoto crucifijo hizo voto de ser monja, pues lo podía ser teniéndose por viuda. Sus padres disimularon, y encubrieron con discreción, la pena que les había dado la triste nueva, por poder consolar a Isabela en la amarga [pena] que sentía; la cual casi como satisfecha de su dolor, templándole con la santa y christiana resolución que había tomado, ella consolaba a sus padres. A los cuales, descubrió su intento y ellos le aconsejaron que no le pusiese en ejecución hasta que pasasen los dos años que Ricaredo había puesto por término de su venida, que con esto se confirmaría la verdad de la muerte de Ricaredo, y ella con más seguridad podía mudar de estado. Ansí lo hizo Isabela, y los seis meses y medio que quedaban, para cumplirse los dos años, los pasó en ejercicios de religiosa y en concertar la entrada del monasterio, habiendo elegido el de santa Paula donde estaba su prima.

Pasóse el término de los dos años, y llegóse el día de tomar el hábito, cuya nueva se extendió por la ciudad, y de los que conocían de vista a Isabela, y de aquellos que por sola su fama, se llevó el monasterio. Y la poca distancia que dél a la casa de Isabela había, y convidando su padre a sus amigos, y aquéllos a otros, hicieron a Isabela uno de los más honrados acompañamientos, que en semejantes actos se había visto en Sevilla. Hallóse en él el asistente, y el provisor de la Iglesia, y vicario del arzobispo, con todas las señoras y señores de título, que había en la ciudad. Tal era el deseo que en todos había de ver el sol de la hermosura de Isabela, que tantos meses se les había eclipsado. Y como es costumbre de las doncellas que van a tomar el hábito ir lo posible galanas y bien compuestas, como quien en aquel punto echa el resto de la bizarría, y se descarta della.

Quiso Isabela ponerse lo más bizarra que le fue posible. Y así, se vistió con aquel vestido mismo que llevó cuando fue a ver la reina de Inglaterra, que ya se ha dicho cuán rico y cuán vistoso era. Salieron a luz las perlas, y el famoso diamante, con el collar y cintura que asimismo era de mucho valor. Con este adorno, y con su gallardía, dando ocasión para que todos alabasen a Dios en ella, salió Isabela de su casa a pie, que el estar tan cerca el monasterio excusó los coches y carrozas. El concurso de la gente fue tanto, que les pesó de no haber entrado en los coches, que no les daban lugar de llegar al monasterio. Unos bendecían a sus padres; otros al cielo que de tanta hermosura la había dotado; unos se empinaban por verla; otros, habiendola visto una vez, corrían adelante por verla otra. Y el que más solícito se mostró en esto, y tanto que muchos echaron de ver en ello fue un hombre vestido en hábito de los que vienen rescatados de cautivos, con una insignia de la Trinidad en el pecho, en señal que han sido rescatados por la limosna de sus redemptores. Este cautivo, pues, al tiempo que ya Isabela tenía un pie dentro de la portería del convento, donde habían salido a recebirla como es uso, la priora y las monjas con la cruz, a grandes voces dijo:

—¡Detente, Isabela, detente! que mientras yo fuere vivo, no puedes tú ser religiosa.

A estas voces, Isabela y sus padres volvieron los ojos y vieron que, hendiendo por toda la gente, hacia ellos venía aquel cautivo; que habiéndosele caído un bonete azul redondo, que en la cabeza traía, descubrió una confusa madeja de cabellos de oro ensortijados, y un rostro como el carmín y como la nieve, colorado y blanco; señales que luego le hicieron conocer y juzgar por extranjero de todos. En efe[c]to, cayendo y levantando, llegó donde Isabela estaba, y asiéndola de la mano le dijo:

—¿Conócesme, Isabela? Mira que yo soy Ricaredo, tu esposo.

—Sí, conozco —dijo Isabela—, si ya no eres fantasma, que viene a turbar mi reposo.

Sus padres le asieron, y atentamente le miraron; y, en resolución, conocieron ser Ricaredo el cautivo. El cual, con lágrimas en los ojos, hincando las rodillas delante de Isabela, le suplicó que no impidiese la extrañeza del traje en que estaba su buen conocimiento, ni estorbase su baja fortuna, que ella no correspondiese a la palabra que entre los dos se habían dado.

Isabela, a pesar de la impresión que en su memoria había hecho la carta de su madre de Ricaredo, dándole nuevas de su muerte, quiso dar más crédito a sus ojos, y a la verdad que presente tenía. Y así abrazándose con el cautivo, le dijo:

—Vos, sin duda, señor mío, sois aquel que sólo podrá impedir mi christiana determinación; vos, señor, sois sin duda la mitad de mi alma, pues sois mi verdadero esposo; estampado os tengo en mi memoria, y guardado en mi alma. Las nuevas que de vuestra muerte me escribió mi señora, y vuestra madre, ya que no me quitaron la vida, me hicieron escoger la de la religión, que en este punto quería entrar a vivir en ella. Mas, pues Dios con tan justo impedimento muestra querer otra cosa, ni podemos, ni conviene, que por mi parte, se impida. Venid, señor, a la casa de mis padres, que es vuestra, y allí os entregaré mi posesión por los términos que pide nuestra santa fe cathólica.

Todas estas razones oyeron los circunstantes, y el asistente, y vicario, y provisor del arzobispo, y de oírlas se admiraron y suspendieron. Y quisieron que luego se les dijese [que] qué historia era aquella, qué extranjero aquél y de qué casamiento trataban. A todo lo cual respondió el padre de Isabela diciendo que aquella historia pedía otro lugar, y algún término para decirse. Y así, suplicaba a todos aquellos que quisiesen saberla, diesen la vuelta a su casa, pues estaba tan cerca; que allí se la contarían de modo que con la verdad quedasen satisfechos y, con la grandeza y extrañeza de aquel suceso, admirados. En esto, uno de los presentes alzó la voz, diciendo:

—Señores, este mancebo es un gran co[r]sario inglés, que yo le conozco; y es aquel que, habrá poco más de dos años, tomó a los co[r]sarios de Argel la nave de Portugal que venía de las Indias. No hay duda, sino que es él; que yo le conozco porque él me dio libertad y dineros, para venirme a España; y no sólo a mí, sino a otros tre[s]cientos cautivos.

Con estas razones se alborotó la gente y se avivó el deseo que todos tenían de saber y ver la claridad de tan intri[n]cadas cosas. Finalmente, la gente más principal, con el asistente y aquellos dos señores eclesiásticos, volvieron a acompañar a Isabela a su casa, dejando a las monjas tristes, confusas y llorando por lo que perdían en tener en su compañía a la hermosa Isabela. La cual, estando en su casa, en una gran sala della, hizo que aquellos señores se sentasen; y, aunque Ricaredo quiso tomar la mano en contar su historia, toda vía le pareció que era mejor fiarlo de la lengua y discreción de Isabela, y no de la suya, que no muy expertamente hablaba la lengua castellana.

Callaron todos los presentes, y teniendo las almas pendientes de las razones de Isabela, ella así comenzó su cuento. El cual le reduzco yo a que dijo todo aquello que desde el día que Clotaldo la robó en Cádiz, hasta que entró y volvió a él le había sucedido; contando, asimismo, la batalla que Ricaredo había tenido con los turcos, la liberalidad que había usado con los christianos, la palabra que entrambos a dos se habían dado de ser marido y mujer, la promesa de los dos años, las nuevas que había tenido de su muerte, tan ciertas a su parecer que la pusieron en el término que habían visto de ser religiosa; engrandeció la liberalidad de la reina, la christiandad de Ricaredo y de sus padres, y acabó con decir que dijese Ricaredo lo que le había sucedido después que salió de Londres, hasta el punto presente, donde le veían con hábito de cautivo y con una señal de haber sido rescatado por limosna.

—Así es —dijo Ricaredo—, y en breves razones sumaré los inmensos trabajos míos. Después que me partí de Londres, por excusar el casamiento que no podía hacer con Clisterna, aquella doncella escocesa cathólica con quien ha dicho Isabela que mis padres me querían casar, llevando en mi compañía a Guillarte, aquel paje que mi madre escribe que llevó a Londres las nuevas de mi muerte, atravesando por Francia, llegué a Roma donde se alegró mi alma y se fortaleció mi fe. Besé los pies al sumo pontífice; confesé mis pecados con el mayor penitenciero; absolvióme dellos, y dióme los recaudos necesarios que diesen fe de mi confesión y penitencia, y de la reducción que había hecho a nuestra universal madre la Iglesia. Hecho esto, visité los lugares tan santos como innumerables que hay en aquella ciudad santa. Y de dos mil escudos que tenía en oro, di los mil y seiscientos a un cambio que me los libró en esta ciudad, sobre un tal Roqui florentín. Con los cuatrocientos que me quedaron, con intención de venir a España, me partí para Génova donde había tenido nuevas que estaban dos galeras de aquella señoría de partida para España.

"Llegué con Guillarte mi criado a un lugar que se llama Aquapendente que, viniendo de Roma a Florencia es el último que tiene el papa, y en una hostería, o posada, donde me apeé, hallé al conde Arnesto, mi mortal enemigo, que con cuatro criados, disfrazado y encubierto, más por ser curioso que por ser cathólico, entiendo, que iba a Roma. Creí sin duda que no me había conocido. Encerréme en un aposento con mi criado, y estuve con cuidado y con determinación de mudarme a otra posada en cerrando la noche. No lo hice ansí porque el descuido grande que no sé que tenían el conde y sus criados me aseguró que no me habían conocido. Cené en mi aposento, cerré la puerta, aprecibí mi espada, encomendéme a Dios, y no quise acostarme.

"Durmióse mi criado y yo, sobre una silla, me quedé medio dormido; mas poco después de la media noche, me despertaron para hacerme dormir el eterno sueño. Cuatro pistoletes, como después supe, dispararon contra mí el conde y sus criados, y dejándome por muerto. Teniendo ya a punto los caballos, se fueron, diciendo al huésped de la posada que me enterrase, porque era hombre principal, y con esto se fueron.

"Mi criado, según dijo después el huésped, despertó al ruido y con el miedo se arrojó por una ventana que caía a un patio y, diciendo: "¡Desventurado de mí, que han muerto a mi señor!", se salió del mesón. Y debió de ser con tal miedo que no debió de parar hasta Londres, pues él fue el que llevó las nuevas de mi muerte.

"Subieron los de la hostería y halláronme atravesado con cuatro balas y con muchos perdigones, pero todas por partes que de ninguna fue mortal la herida. Pedí confesión y todos los sacramentos, como cathólico christiano; diéronmelos; curáronme; y no estuve para ponerme en camino en dos meses. Al cabo de los cuales, vine a Génova, donde no hallé otro pasaje, sino en dos falugas que fletamos yo y otros dos principales españoles; la una para que fuese delante descubriendo y la otra donde nosotros fuésemos.

"Con esta seguridad nos embarcamos, navegando tierra a tierra con intención de no engolfarnos. Pero llegando a un paraje que llaman las Tres Marías, que es en la costa de Francia, yendo nuestra primer[a] faluga descubriendo, a des[h]ora salieron de una cala dos galeotas turquescas. Y, tomándonos la una la mar y la otra la tierra, cuando íbamos a embestir en ella, nos cortaron el camino y nos cautivaron. En entrando en la galeota nos desnudaron, hasta dejarnos en carnes; despojaron las falugas de cuanto llevaban, y dejáronlas embestir en tierra, sin echallas a fondo, diciendo que aquéllas les servirían otra vez de traer otra galima, que con este nombre llaman ellos a los despojos que de los christianos toman.

"Bien se me podrá creer si digo, que sentí en el alma mi cautiverio, y sobre todo la pérdida de los recaudos de Roma, donde en una caja de lata los traía, con la cédula de los mil y seiscientos ducados. Mas, la buena suerte quiso que viniese a manos de un christiano cautivo español, que las guardó; que si vinieran a poder de los turcos, por lo menos había de dar por mi rescate lo que rezaba la cédula, que ellos averiguaran cúya era.

"Trujéronnos a Argel, donde hallé que estaban rescatando los padres de la santísima Trinidad. Habléos; díjeles quién era; y movidos de caridad, aunque yo era extranjero, me rescataron en esta forma: que dieron por mí tre[s]cientos ducados, los ciento luego, y los do[s]cientos cuando volviese el bajel de la limosna a rescatar al padre de la Redempción, que se quedaba en Argel, empeñado en cuatro mil ducados; que había gastado más de los que traía. Porque a toda esta misericordia y liberalidad se extiende la caridad destos padres, que dan su libertad por la ajena y se quedan cautivos por rescatar los cautivos.

"Por añadidura del bien de mi libertad, hallé la caja perdida con los recaudos y la cédula. Mostrésela al bendito padre que me había rescatado, y ofrecíle quinientos ducados más de los de mi rescate, para ayuda de su empeño. Casi un año se tardó en volver la nave de la limosna, y lo que en este año me pasó, a poderlo contar a[h]ora, fuera otra nueva historia. Sólo diré que fui conocido de uno de los veinte turcos que di libertad, con los demás christianos ya referidos; y fue tan agradecido y tan hombre de bien que no quiso descubrirme; porque a conocerme los turcos, por aquel que había echado a fondo sus dos bajeles y quitádoles de las manos la gran nave de la India, o me presentaran al gran turco, o me quitaran la vida; y de presentarme al gran señor redundara no tener libertad en mi vida. Finalmente, el padre redemptor vino a España conmigo, y con otros cincuenta christianos rescatados. En Valencia hicimos la procesión general, y desde allí cada uno se partió donde más le plugo con las insignias de su libertad, que son estos habiticos.

"Hoy llegué a esta ciudad con tanto deseo de ver a Isabela mi esposa que sin detenerme a otra cosa, pregunté por este monasterio donde me habían de dar nuevas de mi esposa; lo que en él me ha sucedido ya se ha visto. Lo que queda por ver son estos recaudos para que se pueda tener por verdadera mi historia, que tiene tanto de milagrosa como de verdadera.

Y luego, en diciendo esto, sacó de una caja de lata los recaudos que decía, y se los puso en manos del provisor, que los vio junto con el señor asistente, y no halló en ellos cosa que le hiciese dudar de la verdad que Ricaredo había contado.

Y para más confirmación della, ordenó el cielo, que se hallase presente a todo esto el mercader florentín, sobre quien venía la cédula de los mil y seiscientos ducados, el cual pidió que le mostrasen la cédula. Y mostrándosela, la reconoció y la aceptó para luego, porque él muchos meses había, que tenía aviso desta partida.

Todo esto fue añadir admiración a admiración, y espanto a espanto. Ricaredo dijo que de nuevo ofrecía los quinientos ducados que había prometido. Abrazó el asistente a Ricaredo y a sus padres de Isabela, y a ella, ofreciéndoseles a todos con corteses razones. Lo mismo hicieron los dos señores eclesiásticos; y rogaron a Isabela que pusiese toda aquella historia por escrito, para que le leyese su señor el arzobispo; y ella lo prometió.

El grande silencio, que todos los circunstantes habían tenido, escuchando el extraño caso, se rompió en dar alabanzas a Dios por sus grandes maravillas y dando, desde el mayor hasta el más pequeño, el parabién a Isabel, a Ricaredo y a sus padres, los dejaron. Y ellos suplicaron al asistente [que] honrase sus bodas, que de allí a ocho días pensaban hacerlas. Holgó de hacerlo así el asistente; y de allí a ocho días, acompañado de los más principales de la ciudad, se halló en ellas.

Por estos rodeos, y por estas circunstancias, los padres de Isabela cobraron su hija y restauraron su hacienda; y ella, favorecida del cielo y ayudada de sus muchas virtudes, a despecho de tantos inconvenientes, halló marido tan principal como Ricaredo, en cuya compañía se piensa que aún hoy vive en las casas que alquilaron frontero de santa Paula. Que después, las compraron de los herederos de un hidalgo burgalés, que se llamaba Hernando de Cifuentes.

Esta novela nos podría enseñar cuánto puede la virtud, y cuánto la hermosura, pues son bastantes juntas, y cada una de por sí, a enamorar aun hasta los mismos enemigos, y de cómo sabe el cielo sacar, de las mayores adversidades nuestras, nuestros mayores provechos.

Printed in Great
Britain
by Amazon